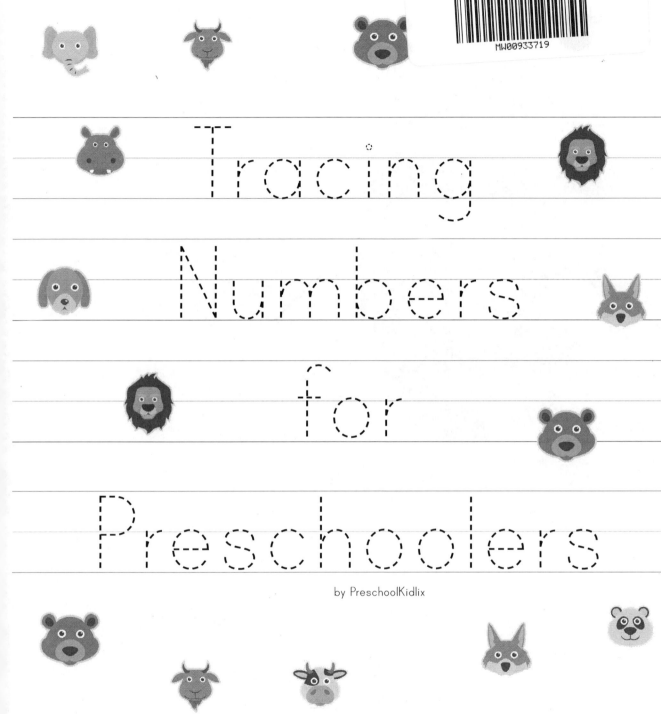

Tracing Numbers for Preschoolers

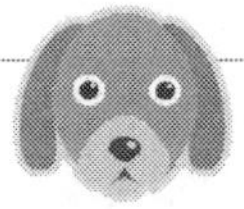

by PreschoolKidlix

0 1 2 3 4 5 6 7 8 9 10 11 12 13 14 15 16 17 18 19 20

ZERO

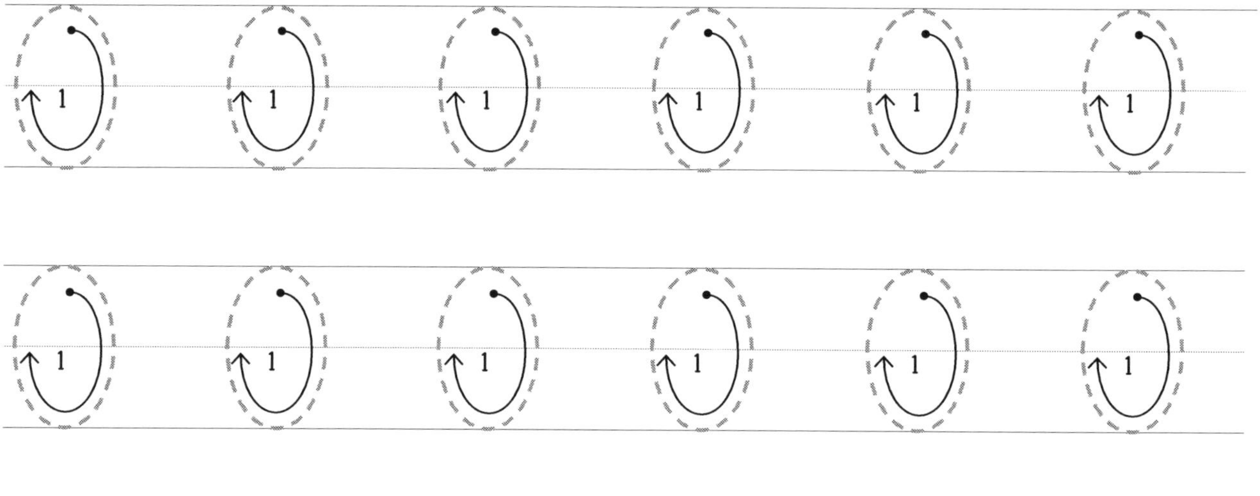

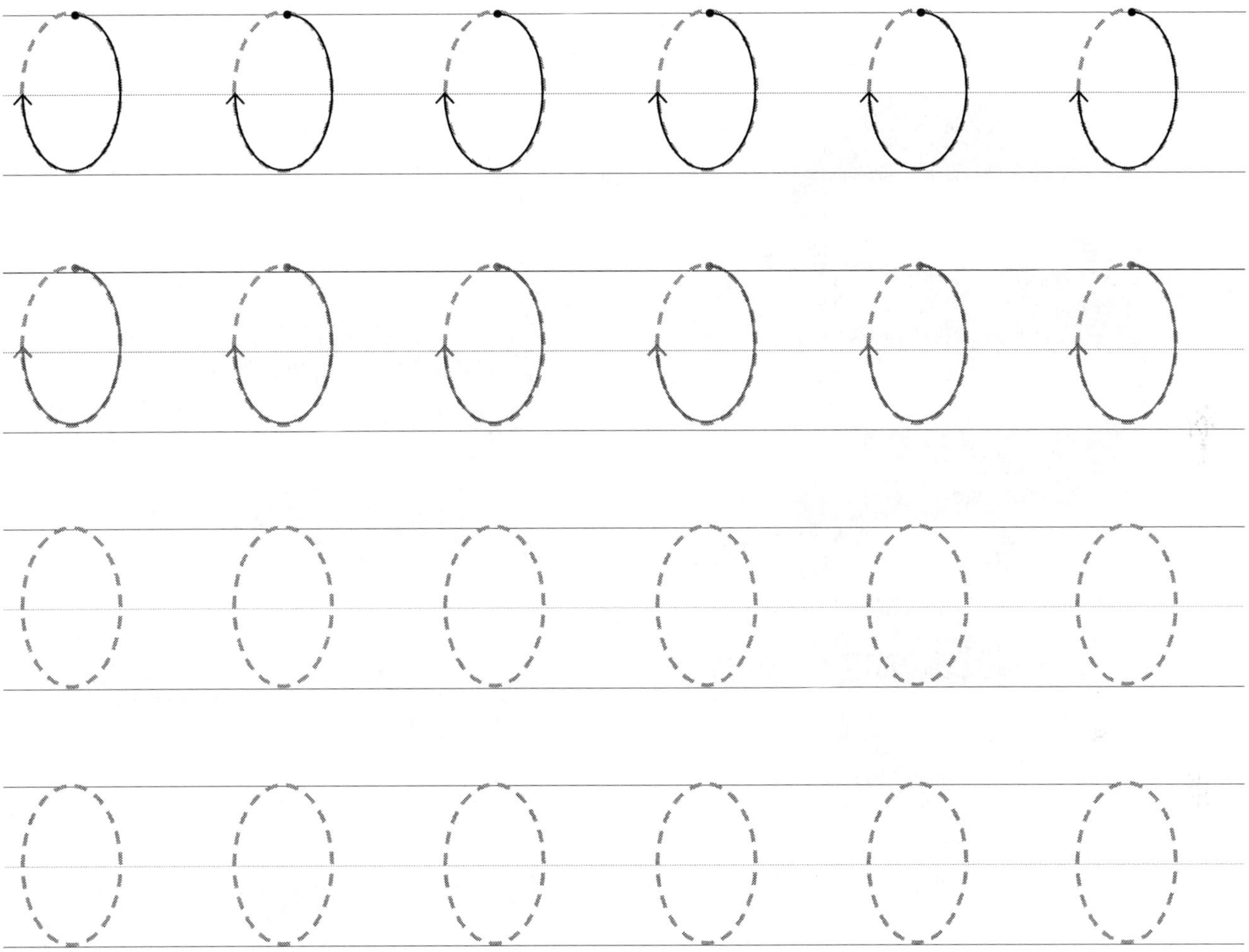

0 **1** 2 3 4 5 6 7 8 9 10 11 12 13 14 15 16 17 18 19 20

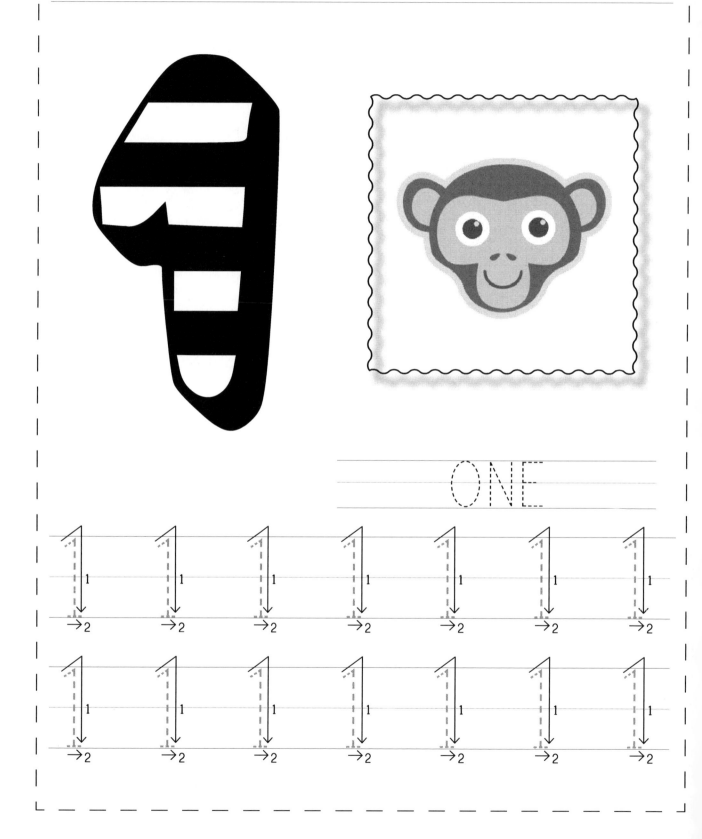

ONE

1 1 1 1 1 1 1 1

1 1 1 1 1 1 1 1

1 1 1 1 1 1 1 1

1 1 1 1 1 1 1 1

0 1 **2** 3 4 5 6 7 8 9 10 11 12 13 14 15 16 17 18 19 20

2

TWO

2 2 2 2 2 2

2 2 2 2 2 2

2 2 2 2 2 2

2 2 2 2 2 2

2 2 2 2 2 2

2 2 2 2 2 2

0 1 2 **3** 4 5 6 7 8 9 10 11 12 13 14 15 16 17 18 19 20

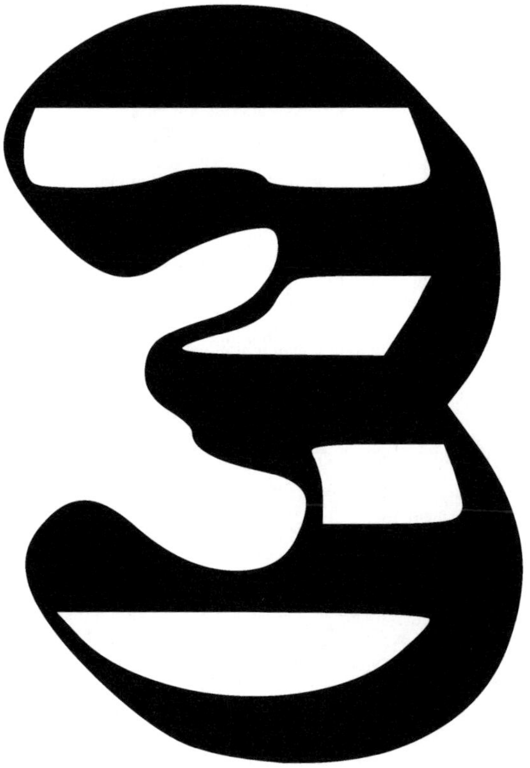

THREE

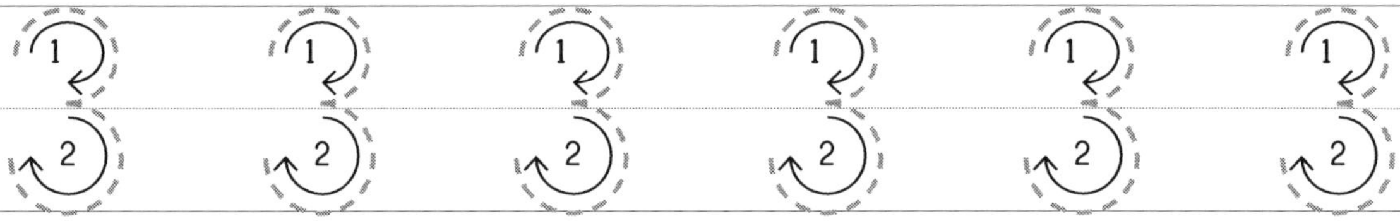

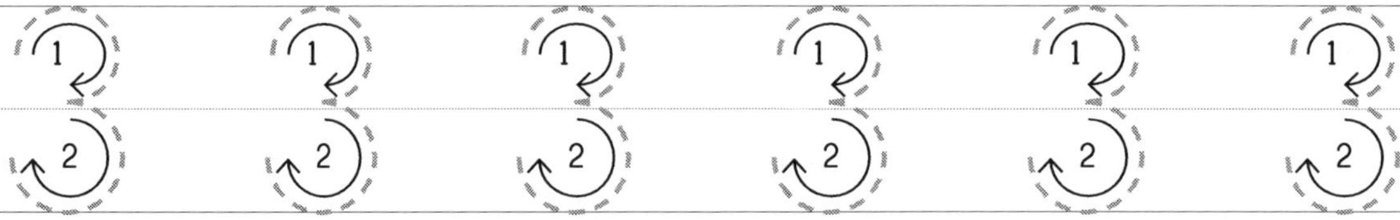

0 1 2 3 **4** 5 6 7 8 9 10 11 12 13 14 15 16 17 18 19 20

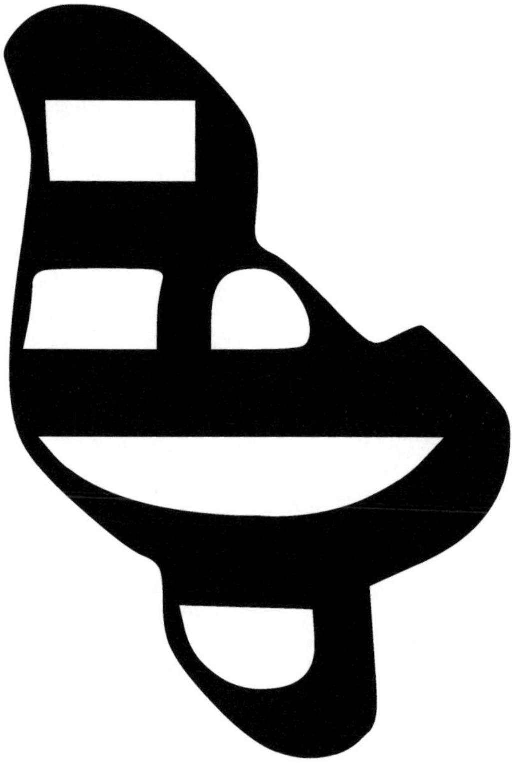

FOUR

4 4 4 4 4 4

4 4 4 4 4 4

4 4 4 4 4 4

4 4 4 4 4 4

0 1 2 3 4 **5** 6 7 8 9 10 11 12 13 14 15 16 17 18 19 20

FIVE

5 5 5 5 5 5

5 5 5 5 5 5

5 5 5 5 5 5

5 5 5 5 5 5

0 1 2 3 4 5 **6** 7 8 9 10 11 12 13 14 15 16 17 18 19 20

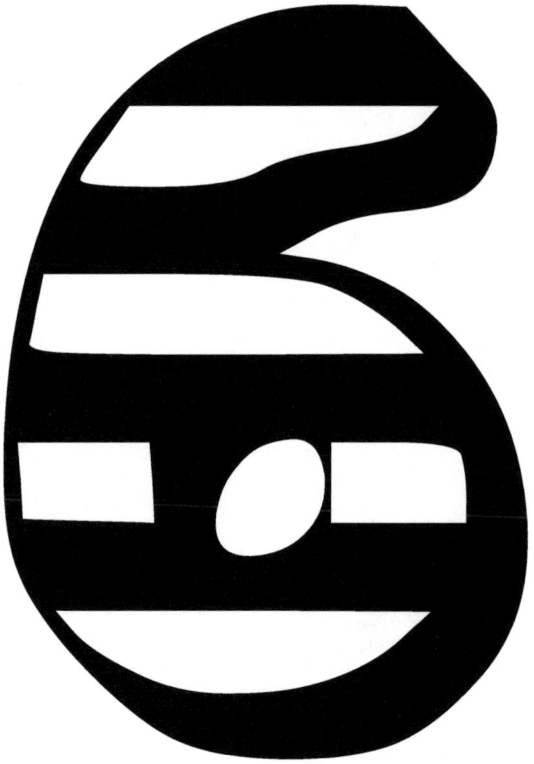

SIX

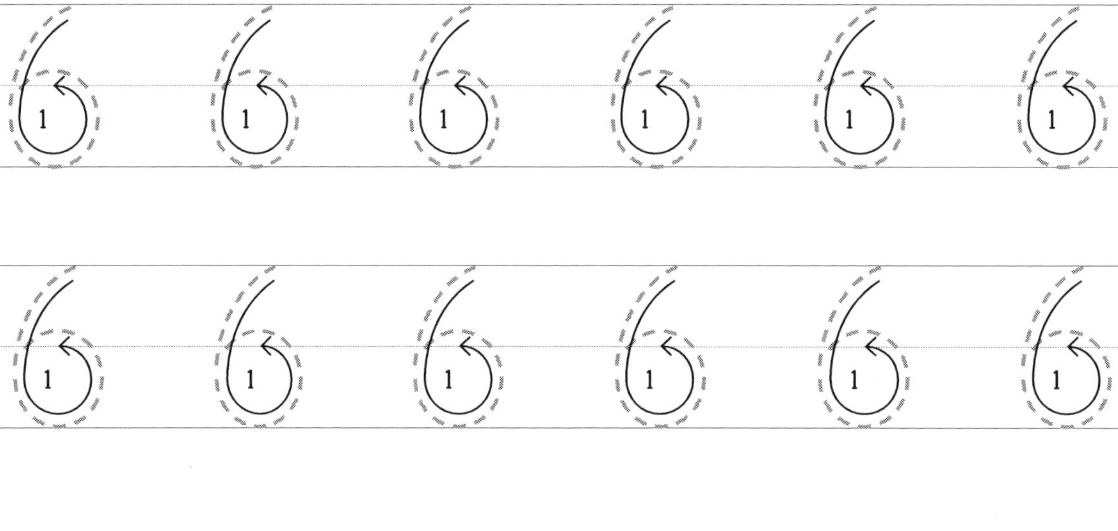

6 6 6 6 6 6

6 6 6 6 6 6

6 6 6 6 6 6

6 6 6 6 6 6

0 1 2 3 4 5 6 **7** 8 9 10 11 12 13 14 15 16 17 18 19 20

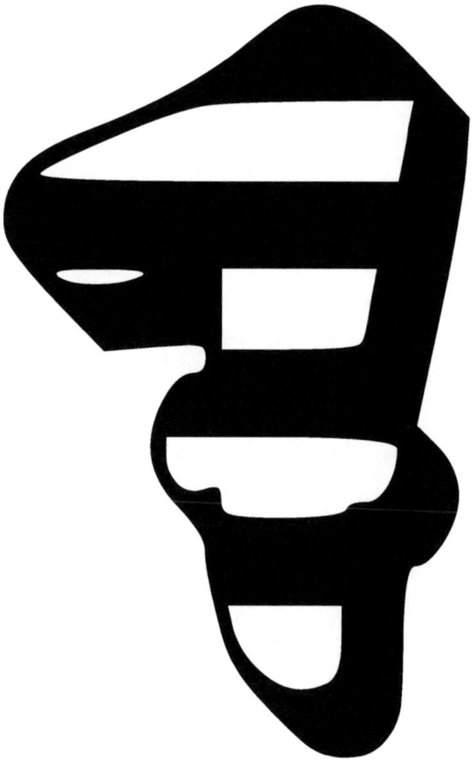

SEVEN

7 7 7 7 7 7

7 7 7 7 7 7

7 7 7 7 7 7

7 7 7 7 7 7

7 7 7 7 7 7

7 7 7 7 7 7

0 1 2 3 4 5 6 7 **8** 9 10 11 12 13 14 15 16 17 18 19 20

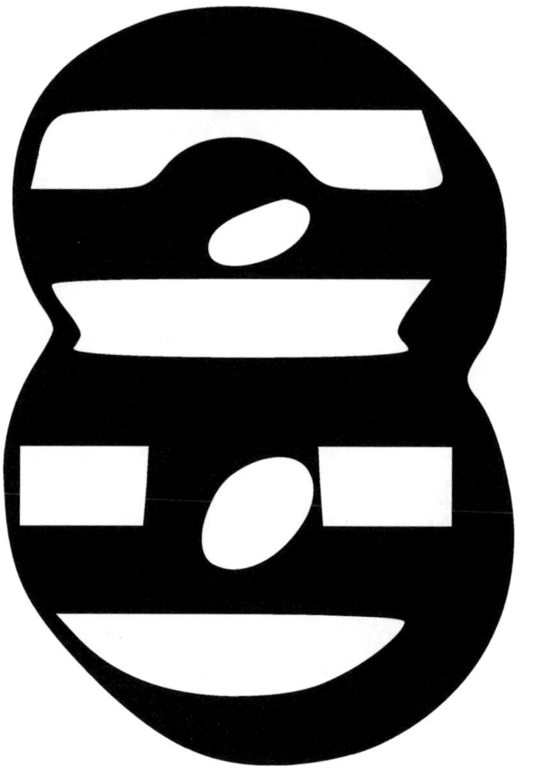

EIGHT

8 8 8 8 8 8

8 8 8 8 8 8

8 8 8 8 8 8

8 8 8 8 8 8

0 1 2 3 4 5 6 7 8 **9** 10 11 12 13 14 15 16 17 18 19 20

NINE

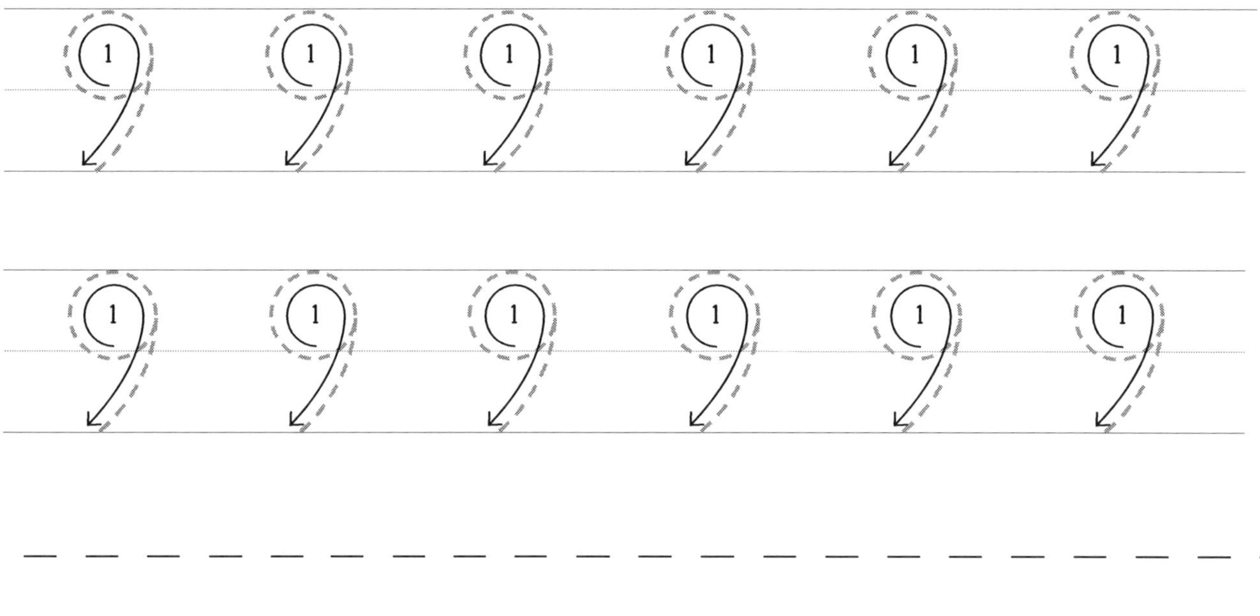

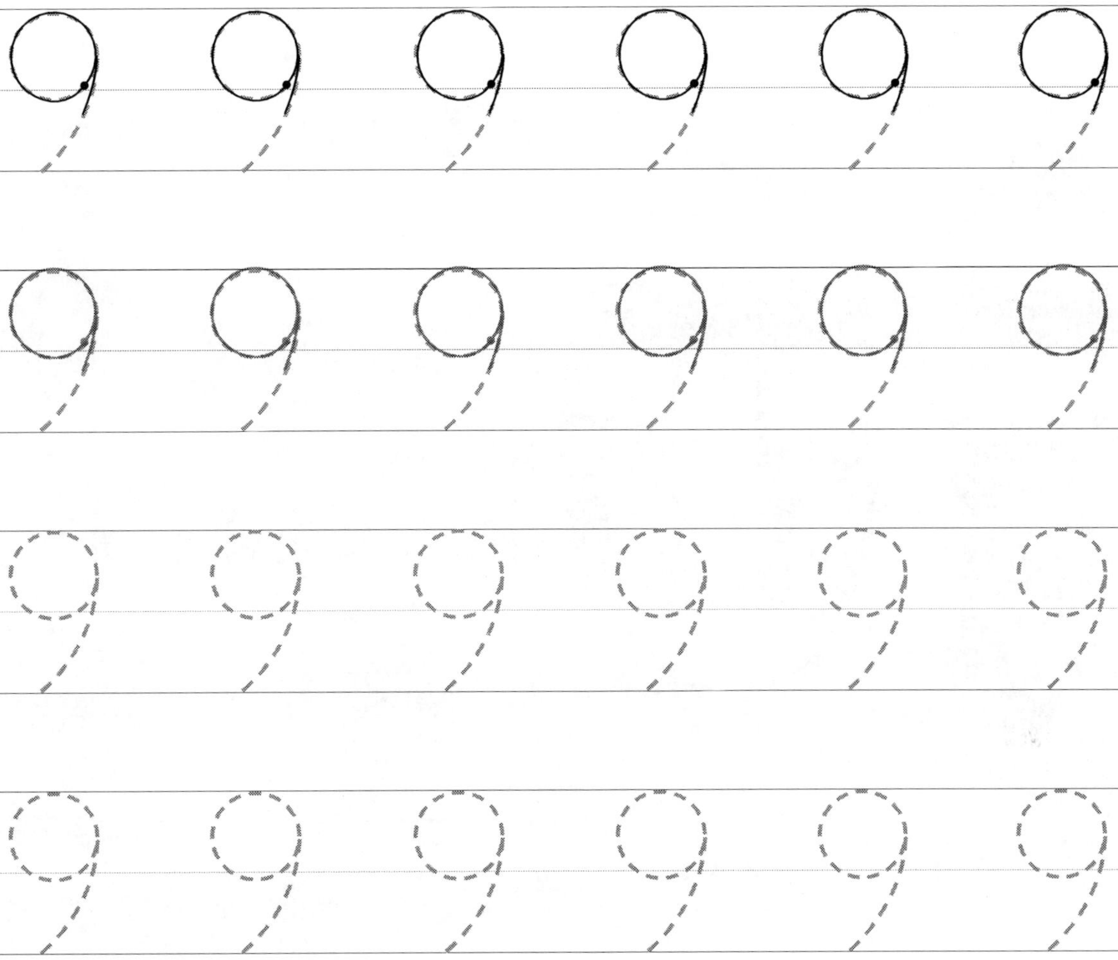

0 1 2 3 4 5 6 7 8 9 **10** 11 12 13 14 15 16 17 18 19 20

10

TEN

10 10 10 10

10 10 10 10

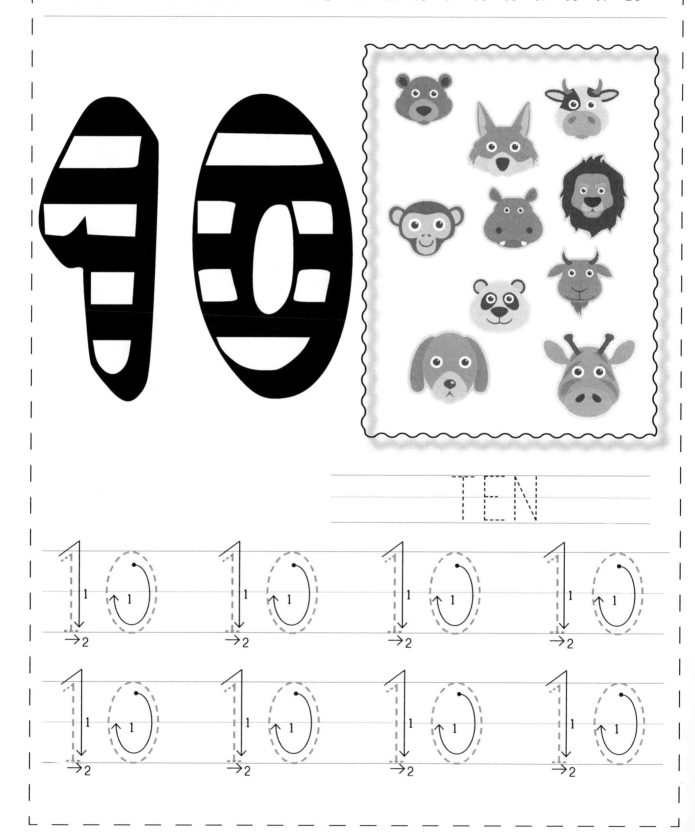

10 10 10 10

10 10 10 10

10 10 10 10

10 10 10 10

0 1 2 3 4 5 6 7 8 9 10 **11** 12 13 14 15 16 17 18 19 20

ELEVEN

11 11 11 11 11 11 11 11

11 11 11 11 11 11 11 11

1 1 1 1 1 1 1 1

1 1 1 1 1 1 1 1

1 1 1 1 1 1 1 1

1 1 1 1 1 1 1 1

0 1 2 3 4 5 6 7 8 9 10 11 **12** 13 14 15 16 17 18 19 20

12

TWELVE

12 12 12 12

12 12 12 12

12 12 12 12

12 12 12 12

12 12 12 12

12 12 12 12

0 1 2 3 4 5 6 7 8 9 10 11 12 **13** 14 15 16 17 18 19 20

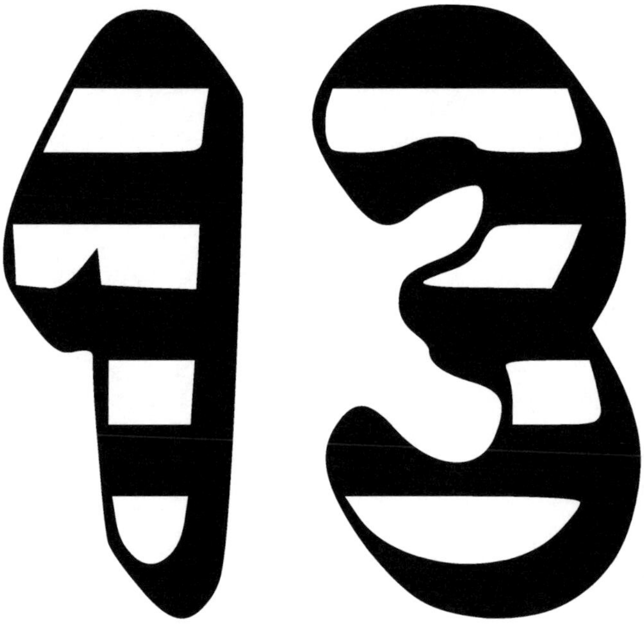

THIRTEEN

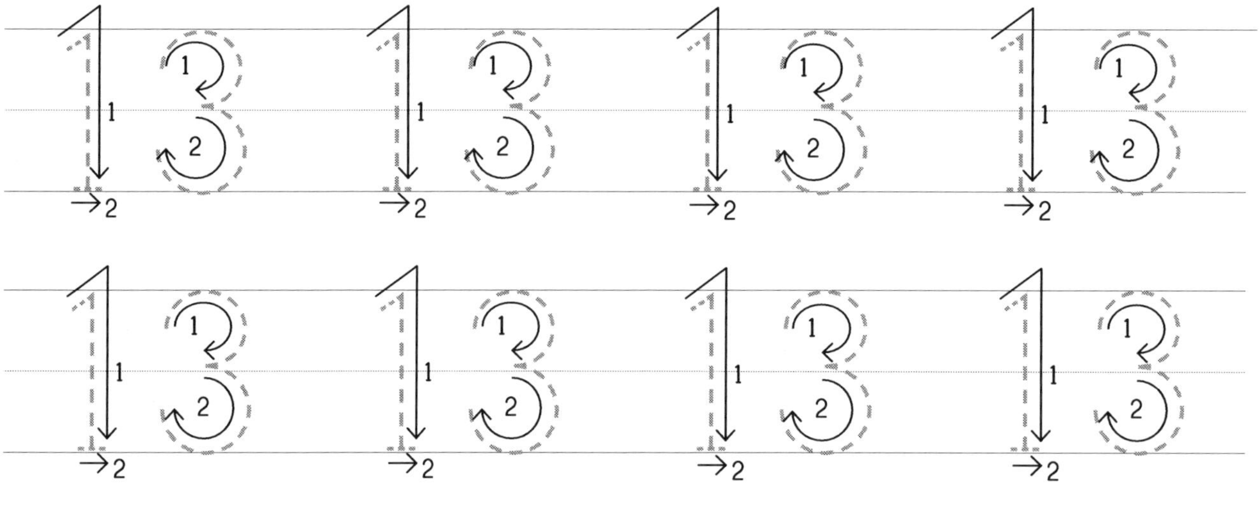

13 13 13 13

13 13 13 13

13 13 13 13

13 13 13 13

0 1 2 3 4 5 6 7 8 9 10 11 12 13 **14** 15 16 17 18 19 20

14

FOURTEEN

14 14 14 14

14 14 14 14

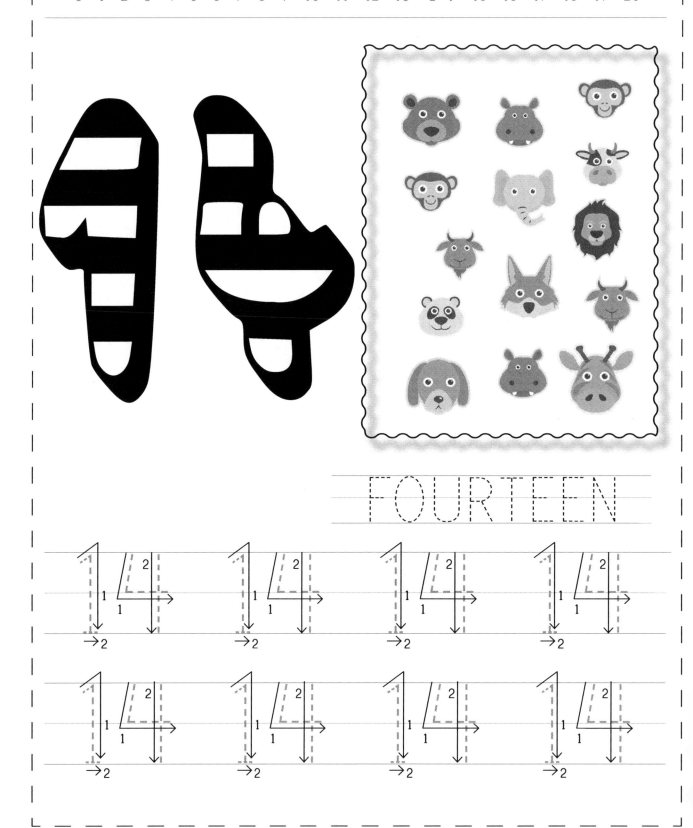

14 14 14 14

14 14 14 14

14 14 14 14

14 14 14 14

0 1 2 3 4 5 6 7 8 9 10 11 12 13 14 **15** 16 17 18 19 20

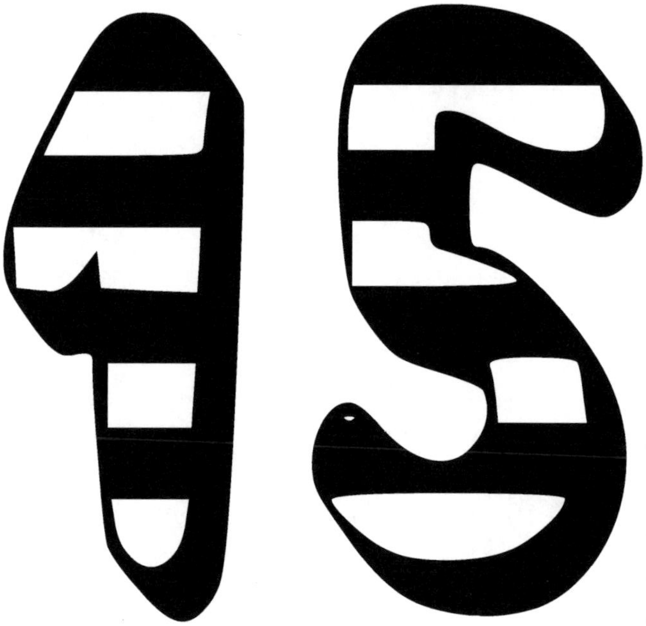

FIFTEEN

15 15 15 15

15 15 15 15

15 15 15 15

15 15 15 15

0 1 2 3 4 5 6 7 8 9 10 11 12 13 14 15 **16** 17 18 19 20

16

SIXTEEN

16 16 16 16

16 16 16 16

16 16 16 16

16 16 16 16

16 16 16 16

16 16 16 16

0 1 2 3 4 5 6 7 8 9 10 11 12 13 14 15 16 **17** 18 19 20

SEVENTEEN

17 17 17 17

17 17 17 17

17 17 17 17

17 17 17 17

17 17 17 17

17 17 17 17

0 1 2 3 4 5 6 7 8 9 10 11 12 13 14 15 16 17 **18** 19 20

18

EIGHTEEN

18 18 18 18

18 18 18 18

18 18 18 18

18 18 18 18

18 18 18 18

18 18 18 18

0 1 2 3 4 5 6 7 8 9 10 11 12 13 14 15 16 17 18 **19** 20

19

NINETEEN

19 19 19 19

19 19 19 19

19 19 19 19

19 19 19 19

19 19 19 19

19 19 19 19

0 1 2 3 4 5 6 7 8 9 10 11 12 13 14 15 16 17 18 19 **20**

20

TWENTY

20 20 20 20

20 20 20 20

20 20 20 20

20 20 20 20

20 20 20 20

20 20 20 20

0 0 0 0 0 0

1 1 1 1 1 1 1

2 2 2 2 2 2

3 3 3 3 3 3

4 4 4 4 4 4

5 5 5 5 5 5

6 6 6 6 6 6

7 7 7 7 7 7 7

8 8 8 8 8 8 8

9 9 9 9 9 9 9

10 10 10 10

11 11 11 11 11 11 11 11

12 12 12 12

13 13 13 13

14 14 14 14

15 15 15 15

16 16 16 16

17 17 17 17

18 18 18 18

19 19 19 19

20 20 20 20

21 21 21 21

22 22 22 22

23 23 23 23

NOW ITS YOUR TURN! YOU CAN DO THAT!

0

1

2

3

4

5

6

7

8

9

10

11 11

AWESOME! GO ONE!

12

13

14

15

16

17

18

19

20

21

22

23

TEN

10

10

10

10

10

10

10

TWENTY

20

20

20

20

20

20

20

THIRTY

30

30

30

30

30

30

30

FORTY

40

40

40

40

40

40

40

FIFTY

50

50

50

50

50

50

50

SIXTY

60

60

60

60

60

60

60

SEVENTY

70

70

70

70

70

70

70

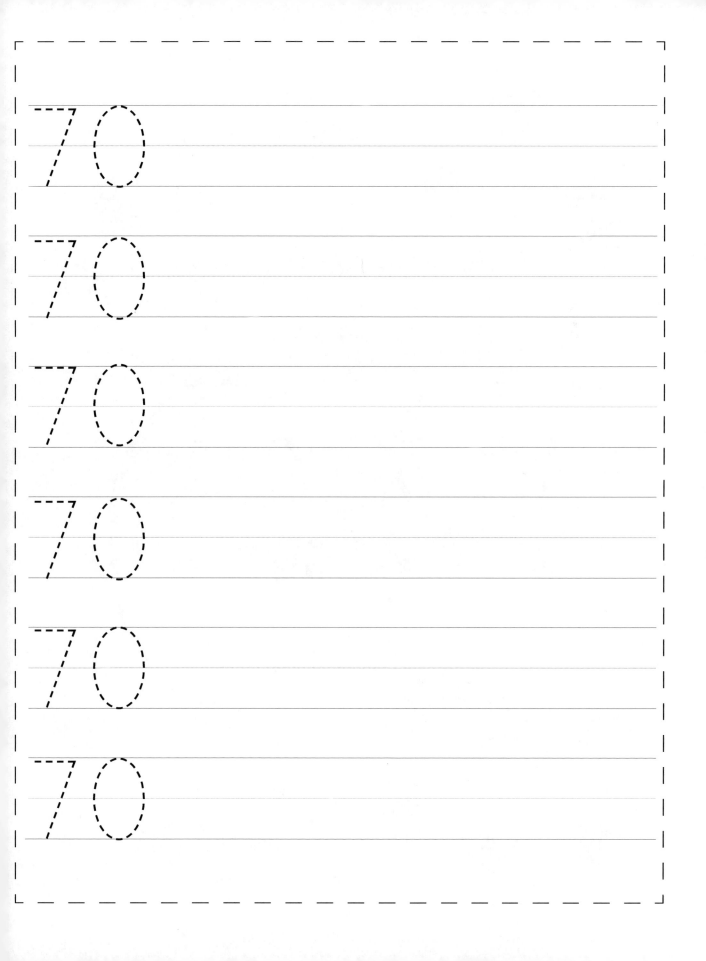

EIGHTY

80

80

80

80

80

80

80

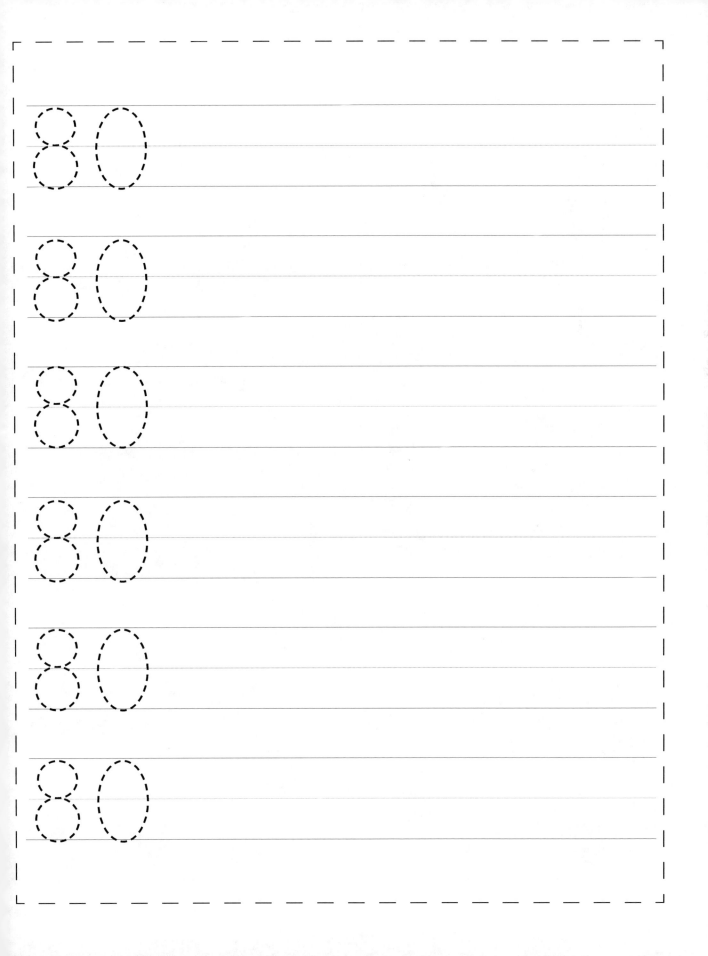

NINETY

90

90

90

90

90

90

90

ONE HUNDRED

100

100

100

100

100

100

100

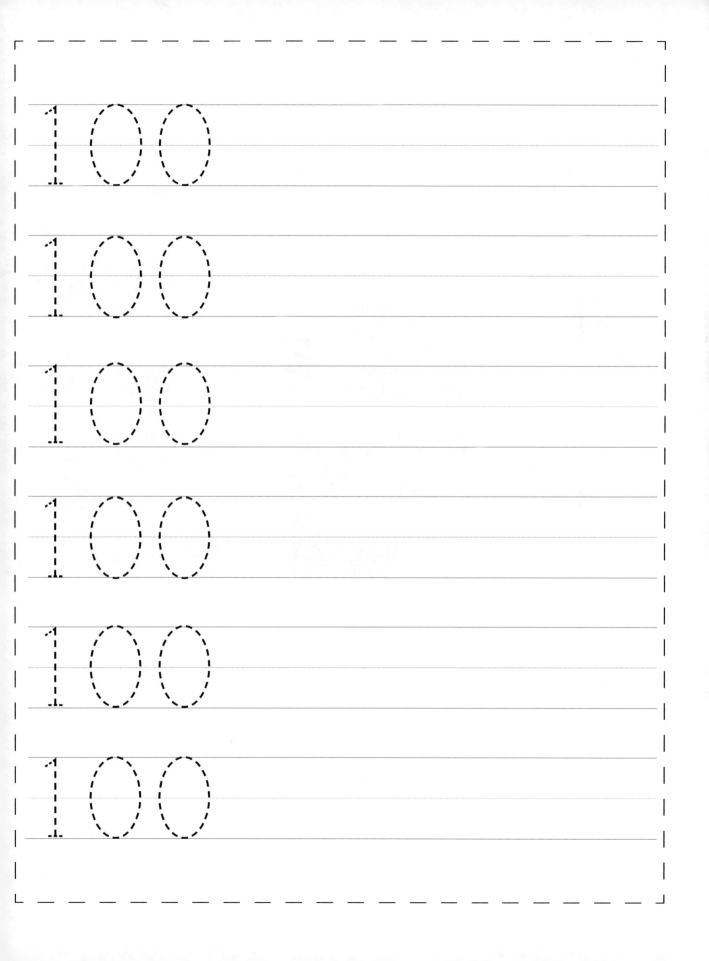

0 1 2 3 4 5 6 7 8 9 10 11 12 13 14 15 16 17 18 19 20

0 1 2 3 4 5 6 7 8 9 10 11 12 13 14 15 16 17 18 19 20

0 1 2 3 4 5 6 7 8 9 10 11 12 13 14 15 16 17 18 19 20

CIRCLE

3

ANIMAL

0 1 2 3 4 5 6 7 8 9 10 11 12 13 14 15 16 17 18 19 20

CIRCLE

ANIMAL

0 1 2 3 4 5 6 7 8 9 10 11 12 13 14 15 16 17 18 19 20

0 1 2 3 4 5 6 7 8 9 10 11 12 13 14 15 16 17 18 19 20

0 1 2 3 4 5 6 7 8 9 10 11 12 13 14 15 16 17 18 19 20

0 1 2 3 4 5 6 7 8 9 10 11 12 13 14 15 16 17 18 19 20

CIRCLE

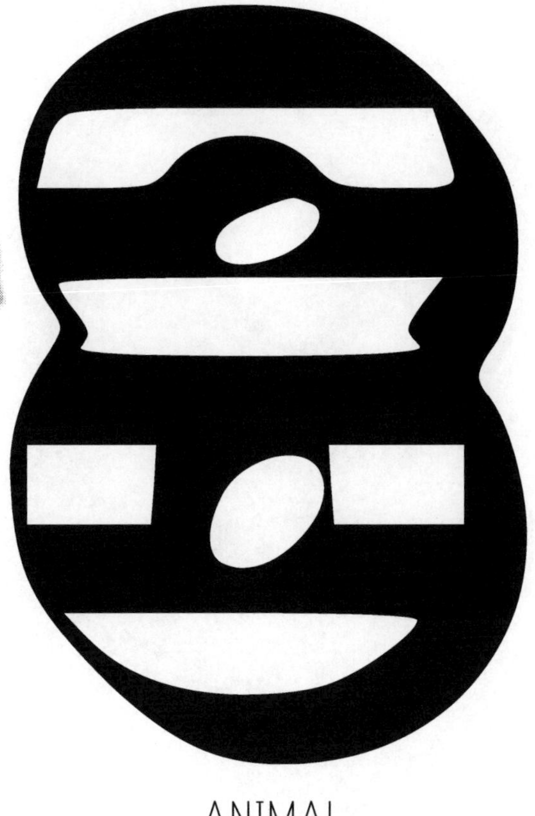

ANIMAL

0 1 2 3 4 5 6 7 8 9 10 11 12 13 14 15 16 17 18 19 20

0 1 2 3 4 5 6 7 8 9 10 11 12 13 14 15 16 17 18 19 20

CIRCLE

ANIMAL

0 1 2 3 4 5 6 7 8 9 10 11 12 13 14 15 16 17 18 19 20

0 1 2 3 4 5 6 7 8 9 10 11 12 13 14 15 16 17 18 19 20

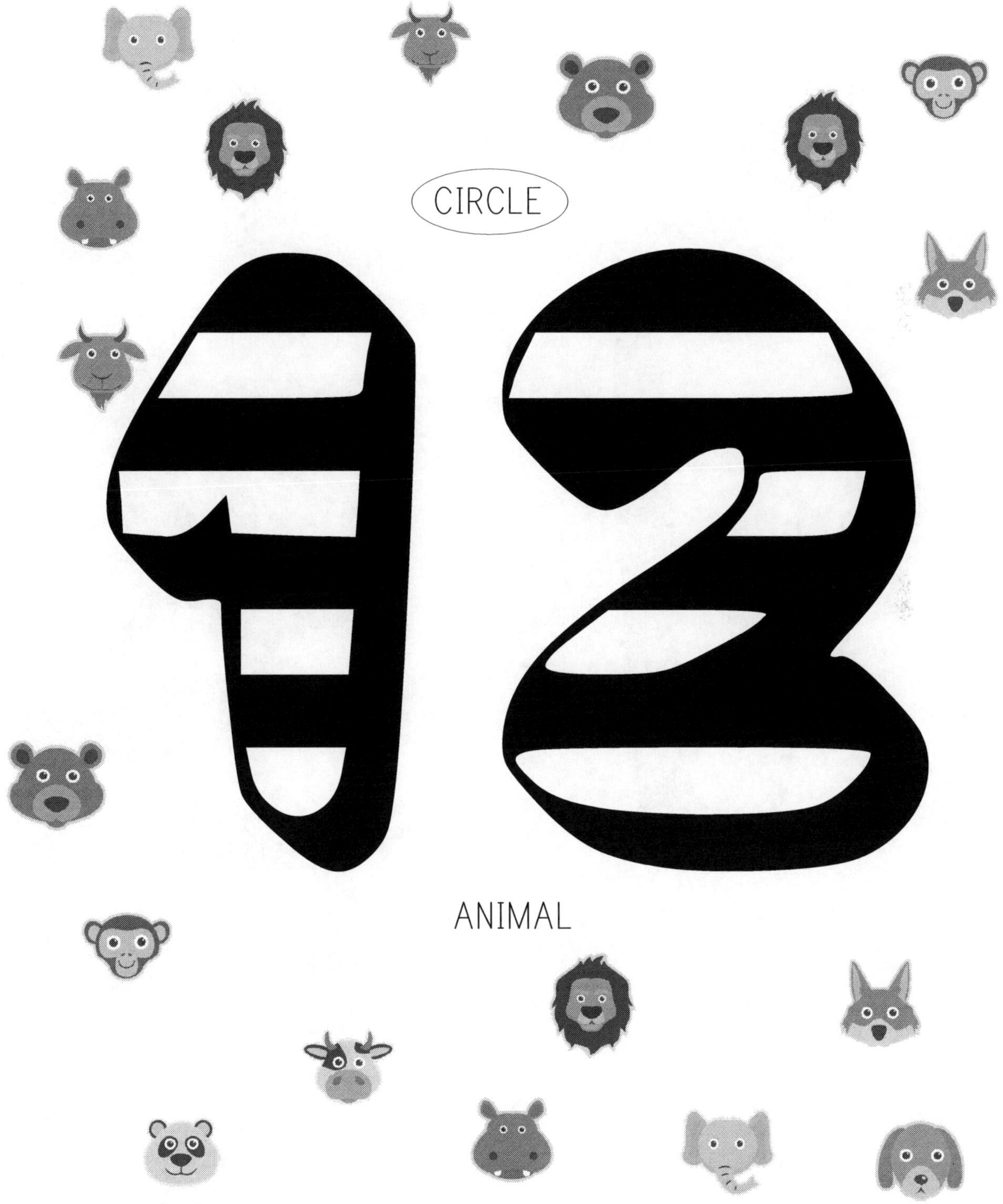

0 1 2 3 4 5 6 7 8 9 10 11 12 13 14 15 16 17 18 19 20

0 1 2 3 4 5 6 7 8 9 10 11 12 13 14 15 16 17 18 19 20

CIRCLE

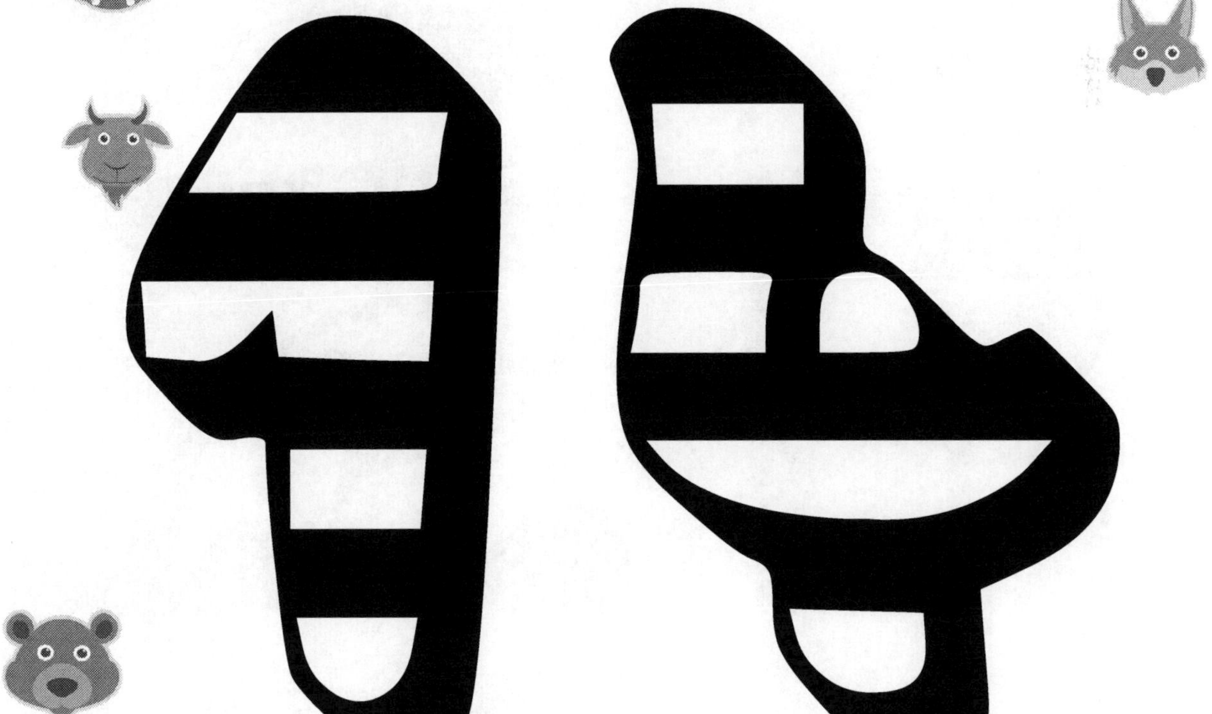

ANIMAL

0 1 2 3 4 5 6 7 8 9 10 11 12 13 14 15 16 17 18 19 20

0 1 2 3 4 5 6 7 8 9 10 11 12 13 14 15 16 17 18 19 20

0 1 2 3 4 5 6 7 8 9 10 11 12 13 14 15 16 17 18 19 20

0 1 2 3 4 5 6 7 8 9 10 11 12 13 14 15 16 17 18 19 20

CIRCLE

18

ANIMAL

0 1 2 3 4 5 6 7 8 9 10 11 12 13 14 15 16 17 18 19 20

0 1 2 3 4 5 6 7 8 9 10 11 12 13 14 15 16 17 18 19 20

0	10	20	30	40	50
1	11	21	31	41	51
2	12	22	32	42	52
3	13	23	33	43	53
4	14	24	34	44	54
5	15	25	35	45	55
6	16	26	36	46	56
7	17	27	37	47	57
8	18	28	38	48	58
9	19	29	39	49	59

0 1 2 3 4 5

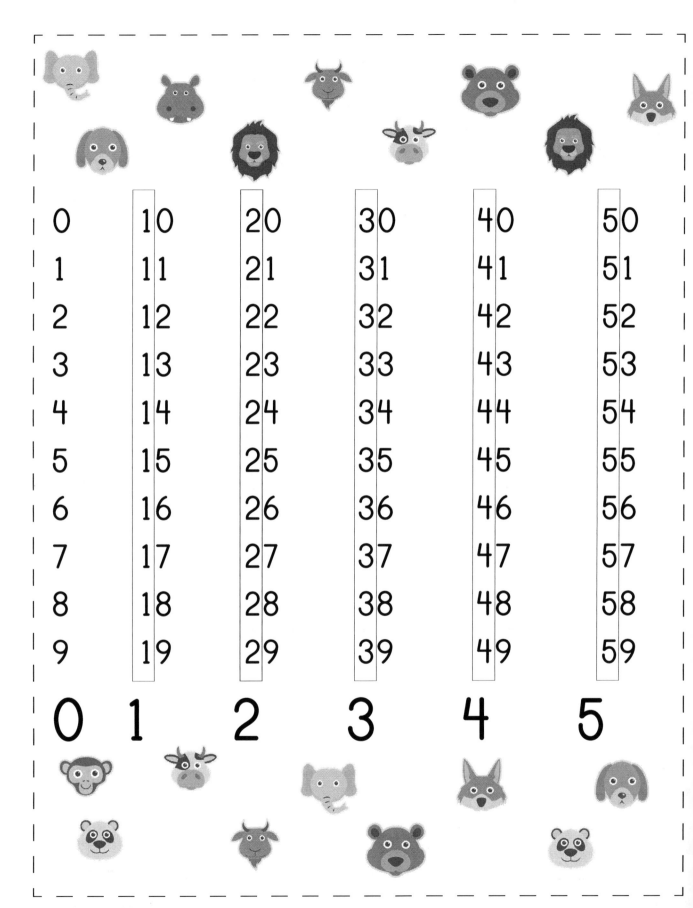

60	70	80	90	100	110
61	71	81	91	101	111
62	72	82	92	102	112
63	73	83	93	103	113
64	74	84	94	104	114
65	75	85	95	105	115
66	76	86	96	106	116
67	77	87	97	107	117
68	78	88	98	108	118
69	79	89	99	109	119
6	7	8	9	10	11

IMPRESSUM

Bei Fragen & Anregungen:
feedback@mertens-publication.de

1. Auflage

Mertens Ventures Ltd.
Tinou 18, C02
7040 Oroklini
Zypern

E-Mail: kontakt@mertens-publication.de

Cover Design: Freepik/Visnezh at www.freepik.com
Icon made by Freepik from www.flaticon.com
Lektorat und Korrektorat: Andrea Grube
Illustrationen: Mary Sand

Made in the USA
San Bernardino, CA
25 March 2020

66312450R00053